舞妓時代（昭和三十年代）

いずれも料亭あきたくらぶにて

舞妓仲間と川反にて（左）

芸者時代（昭和四十年代）

竿燈祭りで「酒の秋田」を披露

料亭の玄関でお客さんを迎える（昭和 49 年、河村堅太郎撮影）

秋田岡本新内

黒田節（三味線・紫乃、 唄・佳乃藤）

於・あきた文化産業施設「松下」
撮影・田所学

秋田音頭（右は緒叶羽〈現・おとは〉）

武田節

花柳界のリビングレジェンド

小松和彦

秋田県の県庁所在地・秋田市。市街地の中心を流れる旭川沿いの一画に川反《かわばた》と呼ばれる地区がある。夜になるとネオンが灯る県下最大の歓楽街だが、明治から昭和にかけては花街として隆盛を極めた。

この町の主役である川反芸者は当時秋田美人の代名詞ともなり、名高き秋田美人を一目見ようと全国から遊客が訪れた。最盛期、大正時代の芸者、舞妓の数は合わせて二百名近くに及び、花柳界では「三都にまで届く」ほどの名声を轟かせた。

若勇こと浅利京子さんは昭和十七（一九四二）年、秋田市楢山《ならやま》に生まれた。若勇さんがはじめて川反に足を踏み入れたのは、昭和二十七（一九五二）年十一月八日。その日のことは一生忘れられないという。

「学校の帰りにランドセルを背負ったまま、父親に連れていかれたの。そうしたら『これどこ売る』って」

かつての花柳界の女性の多くがそうであったように、若勇さんも口減らしのために置き屋（芸者屋）の「子ども」になった。十歳の少女にとってそれはあまりに辛かったのではないかと聞くと、首を振って「暖かい布団に寝て、暖かいママ（ごはん）食えるからいがった（良かった）」と答える。

川反で若勇さんの「お母さん」になった若吉こと寺門操さんは三味線の名手であり、戦前から芸者として活躍していた。若吉さんの手で厳しく育てられた若勇さんは、「今あるのはみんな母さん（若吉）のおかげだ」と話す。

昭和三十三（一九五八）年五月十五日、若勇さんは舞妓としてデビューした。当時は昭和三十六（一九六一）年の秋田国体に向けて、県庁、市役所の移転をはじめ秋田という街が大きく様変わりしていく時代である。宴会が増える一方、芸者の数が足りずキャバレーのホステスまでが和服でお座敷に出る中、若勇さんは正統派として日々鍛錬した芸をお座敷で披露した。

「あの頃が一番忙しかった」

と、若勇さんは回想する。

しかし、時代と共に花柳界は衰退の一途をたどる。キャバレーやクラブが増える一方、料亭や芸者は減り、花街は歓楽街へと姿を変えていった。

若勇さんの師匠である若吉さんは昭和五十七（一九八二）年七月二十四日に行われた座談会でこんな発言をしている。

「川反も変わりました。四丁目にいくらか面影がありますが、昔の情緒はありません。（中略）でも、きっとまた、日本情緒の時代は来ます。日本人が日本に戻ってくる時代が、必ず来ます」

（『秋田県婦人生活記録史』、秋田県編、昭和六十〈一九八五〉年）

その二年後、若吉さんはこの世を去った。若勇さんにとって実の親以上に親でもある師匠を失った悲しみは大きく、茶毘に付す際には棺にすがって号泣したという。

平成七（一九九五）年にはいわゆる「官官接待」を含む官公庁の食糧費問題が取り上げられ、川反の飲食業界は大きな打撃を受ける。若勇さんもがんの手術やクラブ経営の失敗などの不幸が重なり、「もう二度と人前では踊れない」と思ったという。秋田から花街の文化は失われたかのように見えた。

しかし、川反芸者は不死鳥のように蘇った。担い手になったのは秋田で花柳界を志す若い女性たちである。令和元（二〇一九）年、舞妓から芸者になった紫乃さんのお披露目の宴で、若勇さんは師匠の一人として付き添い役を務めた。

「お母さん役をやるのは長年の夢でした。まさかこの歳になって夢が叶うとはね」

もしかしたら若吉さんが夢に見た「日本情緒の時代」が再びやってきたのかもしれない。

現在、若勇さんは後進を育てながら、自身も「若柳」の屋号を復活させて、芸者として活動している。節目節目の舞台では、若吉さんの遺影を片隅に置いて踊る。八十歳になった今、師匠や先輩たちから継承した唄や踊り、しきたりを伝えることが、自らに課せられた最後の役目であるという。

こうして若勇さんは川反花柳界の生きる伝説となったのである。

目次

花柳界のリビングレジェンド　小松和彦　1

川反芸者・若勇　半生を語る

舞妓時代

本書は秋田魁新報に二〇一八年十二月二十日から二〇一九年一月二十二日まで連載された記事を加筆修正し、小松和彦氏による解説を追加したものです。

カバー・装幀　清水香織（プリッツプロモーション）
本文イラスト　宮原葉月

川反芸者・若勇

半生を語る

名妓の「母」に引き取られ

川反の伝統を後世に

川反も変わりましたねえ。今の川反《かわばた》通り（秋田市大町）は飲食店が入るビルばかり。私が芸者をしていた頃、通りには料亭や芸者を抱える置き屋が通りに並んでました。舞《まい》妓《こ》や芸者のブロマイドを売る店もあったんですよ。

「若勇《わかゆう》」という名で、舞妓になったのは昭和三十三（一九五八）年です。途中、ちょっと離れたこともあるけれど、四十五歳で廃業するまで川反の花柳界で生きてきました。その頃は川反を代表するような名妓《めいぎ》も健在でしたよ。大きなお座敷では、しばしば「余興」という特別な踊りのプログラムが組まれるんですが、その主役を張るような姐《ねえ》さん（先輩芸者）たちです。

私はと言えば、そんな姐さんたちの「ピンチヒッター」でした。主役にはなれないけれど、何かあれば代わりに舞台を務める。いつ「出て」と声が掛かるか分からないから、勉強はおろそかにしませんでした。おかげでブランクが長くても、曲が聞こえてくるとちゃんと体が動くんですよ。

踊りのおかげで、今また人生が変わろうとしています。きっかけは平成二十八（二〇一六）年、湯沢の秋田湯乃華芸妓《ゆのはなげいぎ》さんに「川反の踊りを教えてほしい」と依頼されたこと。花柳界を離れてからの二十数年はつらいことが多くてね。「私にもできることがある」と本当にうれしくなったんです。

私は「若柳若勇」として時々お座敷に出るかたわら、若い芸者さん、舞妓さんたちに川反の踊りやしきたりを教えています。川反は季節感を大事にする街で、お座敷で披露する踊りも月替わりでした。そんな伝統を、川反で生きようとする後輩たちに伝えていきたい。人生の良い締めくくりができそうです。

華やかな花柳界があった川反で＝平成30年、秋田市大町

記憶に残るイモの味

私の生家は秋田市楢山《ならやま》にありました。家とは別に土地も持っていて、畑にしてトマトとかキュウリとか作っていた記憶があります。だけど昭和十七（一九四二）年に私が生まれた頃からどんどん畑を手放していって、物心つく頃には家も自分たちが住む二間だけ残して、ほかの人に貸していました。

当時家にいたのは両親と十一歳上の姉、弟妹四人。父は前妻の間に五人、後妻の間に五人子どもがいたんです。父と後妻の間で最初に生まれたのが私。姉を除く先妻の子たちは就職や結婚で家を出ていました。

私の京子という名付け親になったのは姉です。私が生まれた時に、親の代わりに出生届を出した際、憧れていた小説のヒロインにあやかったのだそうです。

父の七蔵は明治三十四（一九〇一）年生まれ。ずっと後になって、秋田市内の病院で働いていたと聞きましたが、子どもの頃は父の仕事は何なのか知らなかった。酒飲みで、よく酔っぱらっていた。ひどい時は酔って母を一方的に殴るんです。

姉が言うには、父がお酒を飲むようになったのは先妻が亡くなってからだそうです。だから私は酒飲み以外の父の姿は知らない。そのせいで、芸者になってもずっとお酒は嫌いでした。

父は私や弟妹にも暴力を振るったそうです。怒ると、私の首を掴んで押し入れに投げ込んだと、母から聞きました。そんな父でしたが、私が小学校に入学する時に「ランドセルを買ってやる」と言うのです。私は「いらね」と断ったのですが、厚紙で作ったようなランドセルを与えてくれました。

後妻に来た私の生母はタツといって、大正三（一九一四）年生まれ。純

病弱だった生母タツ

朴と言えばいいけど、要領の悪い人でね。そういうところが父の気に入らなかったのかもしれないなあ。母はぜんそくで入退院を繰り返してました。発作が起きると顔を真っ赤にして苦しそうでね。病気のせいで家のことも子どもの面倒を見るのも十分できなかった。だから異母姉が母に代わって私たちの世話をしてくれました。

でも母親が私のためにしてくれたことで、一つ覚えていることがあるんです。小学校から帰ると、母はゆでたジャガイモをよく用意してくれてました。遊びに来た友達が「浅利さんのお母さんがイモゆでてくれるから、行くのが楽しみだ」って言うのがうれしくってね。十歳までしか一緒に暮らさなかったせいか、家族の思い出は本当に数えるぐらいしかないんです。

十歳で芸者に預けられ

昭和二十七（一九五二）年十一月の最初の土曜日だったと思います。学校が終わった後、私は秋田市楢山のある酒屋に向かいました。前の晩、父にそこで待ってろと言われていたんです。いつも酒を買いに行かされていた近所の店だとすぐ分かった。その日は雪がちらほら舞っていました。

やがて父が私を連れて行ったのは、旭川を越えた先にある川反。小路にある一軒家を訪ねると、女の人が出てきました。そこで覚えているのは二つだけ。父が私を指して「これドゴ売る」って言ったこと。そして女の人が「子どものことを売るとか、買うとか、言うもんでない」と父をたしなめたことです。

この人は寺門操《てらかどみさお》といって、当時は「若吉」という名前で知られた芸者でした。後で知ったんだけど、若吉の実の姉が楢山で料理屋をやっていて、そこで父の親戚の女性が下働きをしていたんです。そのつてをたどって、私を芸者にしてほしいと前々から持ちかけていたようだね。
うちはきょうだいが多くて貧乏だったから、父は口減らししたかったんでしょ。この時「うちだばいらね」と断られていたら、別の置き屋か、もしかしたら赤線に連れて行かれてたかもしれない。でも若吉は「二十歳になるまでうちで預かります」と言ってくれました。この日から若吉を「お母さん」と呼んで、寺門の家で寝起きする生活が始まりました。当時小学四年生、十歳でした。

今は自分の意思で芸者や舞妓を目指す人ばかりだろうけど、昔は貧しい家に生まれた子がほとんど。戦前は子どもを芸者にするとき、置き屋から親にお金が渡ったそうですが、私はただ預けられただけでした。とはいえ衣食住に加えて、一本（一人前）の芸者にするまで着物をそろえたり、習い事させたりと莫大なお金がかかる。どんな気持ちで

引き取られた寺門の家の近くで（左）
＝昭和28年

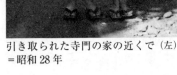

私を預かったのか、母から直接聞いたことはありません。だけど間違いなく、今の私があるのはこの「お母さん」のおかげです。

川反の名妓が「母」に

川反は小路が多いけど、私を引き取った母・寺門操の家も五丁目の小路にありました。川反通りに面した四丁目から五丁目は料亭や置き屋が多くて、この辺に住む芸者は多かったですよ。

母は明治四十三（一九一〇）年生まれ。姉は川反の置き屋「柳家」の吉代という芸者で、明治四十二年に新聞社が行った美人投票で一位に選ばれるぐらいきれいな人だったそうです。吉代は柳家からのれん分けされた「若柳」を開き、母も大正十一（一九二二）年にここから芸者になりました。

姉の吉代は美人芸者で知られたけど、妹の若吉は芸が優れていることで有名でした。日中戦争中の昭和十四（一九三九）年、北支（中国東北部）にいる秋田の部隊の慰問に川反の芸者八人が派遣されたんですが、それにも選ばれたんですよ。当時の秋田市芸妓組合の組合長の意向で、芸がしっかりしている売れっ子ばかりが指名されたそうです。

だけど戦争が行き詰まると、花柳界の営業が停止され、母たちは仕事ができなくなった。しかも「建物疎開」といって旭川の川岸にある料亭や家が撤去された時、四丁目にあった若柳も一緒に壊されたんだそうです。戦争が終わってから母は姉が開いた若柳を復活させたかったようですが、業界のしがらみもあってできなかったらしい。それで「若竹」という置き屋に所属することになりました。

若竹の女将は戦前、露香さんという売れっ子芸者で、戦後は芸者をやめて長唄を教えていました。芸妓組合の組合長もやっており、当時榮太楼旅館の小国キセさん、木内百貨店の木内トモさんと並んで「秋田の三代女傑」と言われていました。

置き屋というのは、舞妓や芸者を抱える家のこと

名妓として知られた若吉（左）と＝昭和38年ごろ

なんですが、若竹は当時一番大きな置き屋で、十数人の舞妓や芸者を抱えていたと思います。年齢的にも、芸の上でも母は若竹の筆頭芸者でした。

三味線、常磐津、長唄、お囃子とあらゆる芸をこなす人で、ごひいき筋も多かった。

昭和五十六（一九八二）年に廃業した時には、新聞に「若吉廃業」という記事が載ったほどでした。

「花代上げて」とスト

川反芸者に預けられたけれど、日常生活はほとんど変わりませんでした。ご飯を食べさせてもらって、学校も今まで通り行かせてくれた。三味線や踊りの稽古は全然なかったね。それどころか、母が芸者だということもしばらく知らなかったの。毎日出掛けて行く姿は見ていたけど、どこで何をしているのかは聞けませんでしたね。

母の仕事を知ったのは学校です。引き取られた次の年の夏だったと思いますが、学校に行ったら担任の先生が声を掛けてきて、「お前の母さんガダがストライキ（※1）やっているけど、どうなっ

玉代ストまるく解決
二週間ぶり、武塙市長の仲介で
身振りも面白く
八幡平を国立公園に
岩手県と一体 猛陳情へ
第七回全県芸能競演会
郡市予選愈よ始

玉代（花代）ストについて報じる昭和28年8月22日付秋田魁新報

た」と。何のことだか分からなかったけど、先生が聞けというもんだから、帰って母に聞いたんですよ。そしたら「おめガダさは関係ね」と怒られた。

当時、母は芸妓組合側の代表だったようで、私が芸者になった後になって当時のことを教えてくれました。スト中は稼げなくなるから大変だったろうと思ったんですが、料亭組合に入っていない料理屋や旅館が呼んでくれて、いつもと変わらずお座敷には出てたそうです。

でも、表だっては営業できないので、「お客さん」という立場で行って、お膳も出してもらって。お座敷用の着物ではなく、浴衣姿。それで余興として三味線を弾いたり、踊りを踊ったりしたわけです。本当ならお座敷で直接お金をやりとりすることはないんだけど、この時ばかりは花代を現金で頂いたそうです。ストなんて大変なことをしたのに、「楽しかったよ」と言っていました。

※1　昭和二十八年八月八日、川反の芸者二十人が、秋田市内十九軒でつくる料理屋組合に花代（料金）の値上げを要求し、ストライキに突入。当時の武塙祐吉《たけはなゆうきち》市長が介入し、スト前に

一時間当たり二五〇円だった花代を四〇〇円に値上げすることなどで二十一日に妥結した。

川反芸者のストライキは大正八（一九一九）年にもあった。

傷ついた「芸者の子」

私は芸者という仕事にプライドを持ってやってきました。でも子どもの頃はよくない仕事だと思っていたの。学校でよくからかわれたせいだと思う。

芸者をしている母に引き取られて、檜山の実家から川反の寺門の家に移ったのは昭和二十七（一九五二）年、私が小学校四年生の時。本当なら学校も築山《ちくざん》から旭北《きょくほく》に転校しなきゃならなかったけど、そのまま築山に通いました。多分私が今までの友達と離れたくないと言ったんでしょうね。

六年生ぐらいかな、同級生の男の子に「芸者の子」ってからかわれるようになったんです。悔しいもんだから、「芸者の子じゃない、そこに預けられたんだ」と反論してけんかしたこともある。からかうのはその子だけでしたよ。だけど中学校も同じだったからねえ。

学校で「芸者の子」とからかわれていることは、母には言えませんでした。でも世間にはいろんな人がいるってことは母の方が知っていたでしょ。「芸者も家に帰れば素人と同じ」と言って、だらしない生活や格好は絶対に許さなかった。母自身とってもきちょうめんで、仕事で遅くなっても次の日の朝はちゃんと起きて朝ご飯を作ってましたし、私のしつけも厳しかった。家の手伝いを済ませないうちは学校に行かせてもらえなかったしね。

三十年に秋田南中に上がってからも、母は私をどうするかについて何も言いませんでした。だからほかの同級生たちとほとんど変わらなかったんじゃないかな。学校行って、家の手伝いして、友達と遊んで……。英語は得意だけど、体育や音楽は苦手。まあ普通の中学生でしたね。

中学2年の遠足で（前列左端）＝昭和31年、にかほ市の小砂川海岸

ある日、料亭に母の三味線を届けた帰り、担任の先生にばったり会いました。酔っていたのか、「これからお前の家庭訪問に行く」と家に付いてきたんですよ。結局お茶だけ飲んで帰ったんだけど、翌日、学校で「昨日のことは誰にも言うなや」と飴をくれたんです。今では考えられませんね。

想像でしかないんだけど、母は私を花柳界に入れることにまだ迷いがあったんじゃないかなあ。向き不向きがありますから。でも私は、中学卒業したら舞妓になるんだろうとほぼ覚悟してました。

中三で舞妓修業開始

秋田南中の二年になって間もなく、着物を着せられて、母に川反通りにあった秋田検《けん》番《ばん》に連れて行かれました。検番とはその地域の置き屋などでつくる組織のことです。東京から来た踊りのお師匠さんが芸者たちに稽古をつけるので、一緒に習いなさいと。それが舞妓になるための稽古の始まりでした。昭和三十二(一九五七)年の五月末のことだったと思います。

最初に習ったのは「縁かいな」。「夏の涼みは両国の……」で始まる夏の踊りです。稽古は一週間続くので、平日は授業が終わったらすぐ行かなきゃいけない。学校の先生に相談したら、みんなの前で「浅利は舞妓になる稽古が始まるので、掃除は免除するように」と言ってくれました。

この頃にはもう「芸者の子」とからかわれることもなく、友達から何か言われたということはなかったと思う。ただ先生たちには何度も「進学しないのか」と聞かれましたね。奨学金制度もあるからって。本音を言えば高校には行きたかったけど、芸者の家に引き取られたからには花柳界以外に道はないと思っていました。

舞妓のデビューは、中学卒業後の三十三年五月十五日と決まりました。はっきりした時期は忘れましたが、これに合わせて母も所属していた置き屋「若竹」を出て、「若柳」という置き屋を立ち上げたんです。若柳はもともと母の実姉の芸者・吉代が立ち上げ、母が若吉という芸者名で出た所。母は私を同じ若柳から出そうと考えていたんだね。

デビューにあたって母が決めた芸妓名は「若勇」。若柳では「若」は必ず付けるんですが、「勇」は嫌だなあと思ったの。なんか相撲取りか競馬馬みたいだな、って思ってね。でも母が「あなたの名前は立

中学3年の頃（前列右端）＝昭和33年

派な方から頂いた。この方に恥をかかせないよう大事にしなさい」と言うので、分かりましたと言うしかない。この時、母は誰の名前を頂いたのか明かしてくれませんでした。事実を知ったのはしばらく後です。

舞妓時代

独りぼっちのデビュー

舞妓というのは芸者の見習です。川反では戦前、半玉《はんぎょく》といっていました。玉代《ぎょくだい》（料金）が芸者の半分だから。昭和三十年代の川反花柳界では、舞妓として約三年修業してから芸者になるというのが流れでした。私も中学を卒業して約二カ月後、「若柳若勇」の名前で花柳界に出ることになりました。

舞妓となった私のお披露目《ひろめ》は昭和三十三（一九五八）年五月十五日。朝早くからお支度してもらい、まずは自宅でもある置き屋「若柳」で、芸者組合の組合長や料亭のご主人を招いて宴会です。出席者一人一人に「よろしくお願いします」と言いながら、お酌して回りました。

午後からはあいさつ回り。引き出物を持って料亭や置き屋を一軒ずつ回るんです。この頃、料亭は一番大きかった「あきたくらぶ」（※2）をはじめ十四、五軒ありましたね。この後いったん家に戻って、夕方からは料亭回り。ここで初めてお座敷に出て、お客さんにご挨拶《あいさつ》するわけです。

舞妓や芸者がお座敷に出ると花代（料金）が発生します。それはお披露目でも同じ。十分しか顔を見せなくても、一時間分の花代を付けるのが決まりでした。中にはご祝儀として、三時間分の花代を付けてくれるお客さんもいましたね。たくさんのお座敷を回るほど稼げるんだけど、初めてでいつお座敷を切り上げていいか分からない。回り下手だった私の「稼ぎ」はよくなかったようです。

実はこの日、若柳の母をはじめ、知り合いの姐さん（先輩芸者）たちは誰もお座敷に出てなかっ

舞妓お披露目の記念写真＝昭和33年5月

たんです。母が以前在籍していた置き屋「若竹」の母さん（女主人）が危篤だというので、そこの人たちはみんな病床に集まっていたから。午後五時ごろに亡くなったと聞きました。

どこに行ってもお祝いの言葉を頂いたけど、頼る人はいない。お披露目だというのに、ものすごく心寂しかったことを覚えています。

川反で戦後初の舞妓が誕生したのは昭和二十六（一九五一）年ごろだったそうです。少し空いて三十一（一九五六）年に一人、三十二年に一人出て、三十三年に出たのが私。戦後四人目になるのかな。

置き屋は芸者屋ともいいました。戦前は借金と引き換えに預けられ、舞妓になる前に「〇〇歳まで働く」という契約を結んだそうです。いわゆる年季奉公ですね。だけど戦後、労働基準法などができるとそういうやり方を変えざるを得なくなったようです。

とはいえ、置き屋と舞妓や芸者の関係は戦前とそんなに変わりはなかったと思いますよ。置き屋は衣装を含めて費用一切の面倒を見る代わり、舞妓たちの稼ぎは全部置き屋に入る。年季はだいたい十年。でもその前に辞めてしまう人もいた。そうなると置き屋は大変だよね。

　母は、私を舞妓にする時に置き屋「若柳」を復活させたけど、反対する家族もいたらしい。多分そんなリスクを心配したんでしょ。でも母はお座敷で着る衣装は惜しみなく用意してくれました。お披露目翌年の正月には、珍しい紋付きの振り袖を奮発してくれた。あとかんざしもね。正直、私にどれだけお金をかけたのか想像もつかない。でも母は「稼げ」なんてことは一度も言いませんでした。

　それでも私はお座敷が掛かれば断ることはなかった

舞妓時代＝昭和35年の正月、あきたくらぶ前

し、誰も行かない休みの日にも行っていました。お座敷を終えて家に帰ると、いつも厳しい母が「お帰り」ってその時だけ笑うんです。それが見たかったんですね。

私は高校野球が好きだったので、球場にもよく見に行ったの。馴染みのお客さんがOBとなっているチーム同士の対戦になると、見つからないように隠れたりしてね。それでお座敷を休んだりしたので、「野球が始まると若勇は当てにならない」と検番から文句を言われたけど、母もスポーツが好きだったからあまり怒られなかったね。

※2 川反地区とは旭川を挟んで向かい側の土手長町（現、中通五丁目）にあった料亭。明治時代に社交場の「秋田倶楽部」として市内の有力者たちによって建てられた後、伊藤庫之助が借り受けて営業。明治四十二（一九〇九）年には政友会総裁の伊藤博文が遊説の後に訪れ、川反芸者を揚げて宴を催した。広大な庭園を有し、秋田県を代表する料亭として親しまれてきたが、平成十五（二〇〇三）年に閉業した。

お金の顔は見せない

花柳界では「お金の顔」を見せないというのが決まりです。舞妓や芸者が、お客さんから直接花代を頂くことはありません。お座敷に出たり、踊ったりした花代は、まず料亭から伝票の形でその日のうちに芸者に渡されます。伝票は料亭と検番、芸者がそれぞれ保管。花代を毎月精算して料亭に請求するのは検番の役目でした。

検番は置き屋や芸者屋がお金を出して運営するところです。取次事務所みたいなもので、花代の精算だけじゃなく、芸者を料亭に呼ぶときも検番を通しました。「お金の顔を見せない」花柳界独特の存在でしたね。検番が集金した花代は、手数料を引かれた後に置き屋へ。年季が明けないうちは私たちの懐には入りませんでした。

検番を通さず、お座敷で直接頂くお金もありました。ご祝儀です。一人ずつもらうこともあったし、五人で三千円とまとめてということもあった。あの頃面白いお客さんがいてね。財布に一〇〇円のピン札をいっぱい入れてきて、舞妓や芸者一人に一枚ずつ配るんです。ある時、そのお客さんに「明日休みだから映画に行く」と言ったら、「せば特別に一五〇円ける。一〇〇円札しかないから、五〇円釣りよこせ」って。

このご祝儀も置き屋に渡さなきゃいけませんでした。でも花代のように料亭や検番を通すわけじゃない。いつだったか、若い者たちだけでご祝儀をもらったことを黙っていようと示し合わせたことがあったのよ。一番年上の姐さんが祝儀袋を破いて捨てて証拠隠滅。だけどそれをほかの姐さんに見られたんですよ。私が所属する置き屋「若柳」の母に告げ口され、決まりを破ったということでものすごく

舞妓時代に先輩芸者（左）と＝昭和35年

叱られました。

でもみんな同じことをしてきたんだよね。ご祝儀をもらったことを寝言で言ったり、ご祝儀を隠していた足袋を洗ってしまったりと姐さんたちの笑えない話を後でいくつも聞きました。

ご祝儀を頂いた方で忘れられないのは、平野政吉さん（※3）です。当時、平野さんは芸者の間で「平野御前」と呼ばれていました。お座敷から御前がお帰りになる時、履いてきた雪駄《せった》が濡れていたのでハンカチで吹いてあげたんです。そうしたら「気が利く子どもだな」一〇〇〇円札をいただいたの。御前がこんな形でご祝儀をくれるのは珍しいと、母から驚かれました。

※3　明治二十八（一八九五）年生まれ。秋田市の米穀商、美術収集家。画家・藤田嗣治と親交が深く、作品を収集し、大壁画《秋田の行事》を描かせた。平成元（一九八九）年没。コレクションは現在、秋田県立美術館に展示収蔵されている。

予期せぬ新聞沙汰に

昭和三十三（一九五八）年五月に舞妓になって間もなく、事件を起こしてしまいました。新聞に書かれちゃったんですよ。まだ中学校を卒業したばかりで、花柳界のことも、世間のことも本当に何も知らなかった。

発端は秋田市中通の料亭で開かれたマスコミ関係者のお座敷。出席者の中に見たことがある人がいると思ったら、私が通っていた中学校で講演した新聞記者だったんです。それで「あなたの講演聞きました」と無邪気に話しちゃったのね。

そしたらその新聞に「未成年の舞妓が酒席で働いている」と記事が載ったんです。私が所属する置き屋「若柳」の母に「お前が余計なこと言ったばかりに他の人にも迷惑をかけた」と叱られ、しばらくお座敷に出るなと言い渡されました。

それ以上の説明をしてくれなかったので、何が起きたのか全く分からなかった。でも想像するに労働基準法違反で営業停止処分を受けたんじゃないかなあ。その頃の川反には私の他に未成年の先輩舞妓が2人いたので、多分彼女たちも巻き込んでしまったんだね。

一週間ぐらい家にいた後は、何事もなかったようにお座敷に出ました。当時はお座敷が多くて朝や昼もあったんですよ。夜もお座敷の後に二次会にお供することもしょっちゅうだった。でもあの記者さんは別として、当時は深夜に働こうと、酒席にいようとがめる人はいませんでした。法律に照らすと問題はあるけれど、花柳界独特の文化としてみていたんじゃないかしら。

舞妓時代＝昭和36年、あきたくらぶ

今はあり得ませんけどね。

当時も舞妓には周りがいろいろと配慮してくれました。お座敷には必ず先輩芸者が一緒に行くとか、遅くなり過ぎない時間に帰すとかね。ごひいきのお客さんが家まで送ってくれることもよくありましたよ。すると置き屋の母が「もっと早く帰してください」と文句を言いながら、稲庭うどんをゆでてお客さんにごちそうしていました。

私は子どもの頃から病気になると小川内科医院の島毅院長（当時）のお世話になっていました。ある時、風邪が治りかけた頃、「お風呂に入ってもいいですか」と先生に聞くと、「私が入っていいと言えば、すぐお座敷に出なければいけないでしょ。まだちゃんと治ってないから、お母さんに『まだお風呂に入っちゃいけません』と伝えなさい」と言うんです。少しでも休ませてやりたいという、先生の優しさを感じました。

女中頭にたんか切る

　前の晩に遅くなっても朝七時には起きるというのが、置き屋の母・若吉のしつけでした。中学を卒業して舞妓になっても起床時間は変わらなかったけど、朝ご飯を食べたら学校ではなく、髪を結いに美容院に行きました。一週間に一度ぐらいでしたけどね。東京から踊りなどのお師匠さんが来ている時は稽古に行きます。それが終われば銭湯。身支度を整え、午後五時半からのお座敷に備えます。

　昭和三十三（一九五八）年に私が舞妓になった頃は、秋田市の川反周辺には料亭が十四、五軒ありました。それから数年のうちに十軒ほどになりましたけど。覚えている

舞妓時代、あきたくらぶの園遊会で＝昭和35年ごろ

のを挙げると、あきたくらぶ、濱乃家、志田屋、亀清《かめせい》、川寿《せんじゅ》、いくよ、銀なべ、はつね、稲本、東光くらぶ、稲錦《いなきん》、松下……。芸者や舞妓は料亭から呼ばれてお座敷に行きますが、どこでも行くというわけじゃなかった。当時は料亭によって専属の置き屋が決まっていたんです。私のいる「若柳」は、あきたくらぶ。夜のお座敷がある午後五時半から九時までは専属先の料亭が優先で、黙って他の料亭のお座敷に行くとペナルティーが課されました。専属先のお座敷がないときや、朝や昼の時間帯だったら行けましたけどね。

料亭に行くと、真っ先にあいさつに行ったのが女中頭。この人たちはお客さんが芸者や舞妓を指名しても、「今日は来てません」と言えるだけの権力があった人たちなの。お座敷に出られなければ花代がつかないので気を遣ったね。

でも舞妓になりたての頃、ある女中頭を怒らせてしまったのよ。そこの料亭のお座敷でお客さんに嫌なことをされて置き屋に逃げ帰ったの。次の日、その女中頭が来て「お座敷なげるなんてしばらく出入り禁止だ」とすごい剣幕で。そしたら母が「うちの方からお断りだ」とたんかを切った。「ああ、守られているんだなあ」と安心したことを覚えています。

アイドル並みに活躍

秋田市中通にあった料亭「あきたくらぶ」では、お座敷があると席ごとに「たばこ盆」が用意してありました。縦一〇センチ、横二〇センチぐらいの小さい盆で、「唄の本」とブロマイドが入っているんです。唄の本はお座敷で歌う地元の民謡の歌詞が付いていて、ブロマイドはもちろん川反の芸者や舞妓。秋田土産の一つということだったようです。

あきたくらぶでは芸者たちの撮影会があったんですよ。私が舞妓になった昭和三十三（一九五八）年の七月には一人ずつ、全員撮りました。当時は、川反通りにブロマイド屋があって、芸能人の写真と一緒に私たちのも売られていたようです。同僚から一枚五五円と聞いたけど、当時は同じ値段で三本立ての映画が見られましたから、結構高いなと思いましたね。

他にも雑誌に取り上げられたり、イベントに登場したり。当時の芸者や舞妓は今のアイドルみたいな感じだったね。私も舞妓の時に大判焼きのコマーシャルに出たことがあるんですよ。ごひいきにしていたお客さんのお店の新商品で、大きな口でかぶりつく映像がテレビで流れるのを私も何回か見ました。トラックの宣伝写真の撮影もあったんですよ。こっちは衣装があって、絣《かすり》の着物に姐さんかぶりのスタイルでした。

トラックの宣伝写真の撮影で＝昭和34年ごろ

当時川反では芸者は数十人いましたが、舞妓は二、三年しかやらないので少なかったんです。舞妓は「子ども」という位置付けですから、装いも幼くします。肩上げした振り袖姿に頭は桃割れ。そこに花かんざしを挿します。地毛で結うので、どこ行っても目立ちましたね。

舞妓というと垂れ下がった京都の「だらりの帯」を思い浮かべる人が多いでしょうけど、あれは京都だけの姿なんです。川反を含め全国の花柳界はすっきりした矢の字結びにして、結び目に扇子を差しました。扇子は武士の刀と同じで、常に持たねばならない命だと教えられました。

当時は毎月のようにお客さんの集いがありました。学校の同窓会、運動部のOB会、ロータリークラブ、青年会議所、みんな料亭でやっていたので、そのたびに私たちは呼ばれました。そんなご縁もあって、芸者になってからも病院や会社の宴席にもよく出させてもらいました。山王胃腸科病院の最上栄蔵院長（当時）には病院の慰労会がある度に声をかけていただき、舞を披露しました。

母校である秋田南中の先生たちの宴会もあきたくらぶでありました。私が舞台で踊ると、恩師が「浅利、がんばれー」と叫んでくれて。さすがに恥ずかしかったね。

自腹切っても別稽古

芸者は文字通り芸をする人ですから、私も中学生だった昭和三十二（一九五七）年に花柳《はなやぎ》流の踊りを習い始めました。川反では東京から師匠を招いて行う稽古が毎月のようにあったんです。秋田検番の主催で、私たちが出している負担金の一部を稽古代に充てていました。私が習った師匠たちは花柳寿美之輔《すみのすけ》（踊り）、常磐津《ときわづ》三蔵（常磐津）、杵屋《きねや》五三吉《ごさきち》（長唄）、望月初子（鳴り物）。それぞれ二カ月置きに来て、一週間続けて稽古をつけました。

稽古が始まるのは午前九時ごろ。まずは参加者全員で師匠に新しい踊りや唄を教えてもらうんですが、それだけでは上達しません。だから別稽古といって、マンツーマンでも指導してもらいます。そのためには別月謝が必要になりますが、ほとんどの芸者は受けてましたよ。私も置き屋の母・若吉によって、舞妓の頃から別稽古を受けさせられました。

その別稽古で、母にものすごい雷を落とされたことがあったんです。舞妓の時分ですけど、お座敷の前に「きょう別月謝で習ってきた踊りを見せなさい」と言われましてね。料亭の控室で両手だけ動かしてさらっていたら、「今ここで稽古するぐらいならやらなくていい」と言われて家に帰されてしまった。お座敷に出なければ、私の花代はつけてもらえないのに。

母はよく「死に金使うな。生きた金使え」と言っていました。お座敷を前にまだ練習している私に、「完璧な踊りを見せてこそ、お前にかけたお金が生きる」と教えたかったんでしょう。

長唄や鳴り物では師匠の代稽古を務めるほどだった母は、芸事に関して本当に厳しい人でね。

自宅で行われた若吉（手前）の代稽古で（右端）＝昭和38年ごろ

芸者に必須の三味線は母に教えてもらったんですが、あんまり叱られ過ぎたせいで、踊りに力を入れるようになったんです。三味線は駄目でも、踊りはいつか母に褒めてもらいたいと思っていました。

私の踊りの十八番の一つに「武田節」があります。これは三橋美智也さんが歌った新民謡の曲に花柳流の師匠が振り付けしたもので、うちの母はレコードを繰り返し聴いて、これを三味線で弾けるようになりました。私が踊るようになってからは「若勇と言えば武田節」というくらい、よくリクエストがかかりました。足腰に負担がかかるので最近はあまりやらないけど、また何かの機会に披露したいですね。

お座敷で教え受ける

お座敷に踊りは欠かせません。でもいくら舞妓が稽古しても、最初に踊るのは姐さんたち。まだお座敷が静かなうちに、扇子を持って季節の曲を踊る。それが終わるとお酒が入り、途端にお座敷がにぎやかになります。

舞妓ももちろん踊りますよ。「かっぽれ」とか、扇子を持たない踊りが多かった。「酒の秋田」（※4）や「秋田音頭」（※5）は必ず踊りました。川反芸者が踊る秋田音頭は女踊りで、花笠と四ツ竹を持ったりして華やかなんです。総踊りといって、三味線や太鼓を除く全員が踊ることもよくありました。お客さんの周りを輪になって回りながらね。舞妓の出番の時はこんなふうにいつもがやがやしていたもんですから、いつか姐さんたちのように静かに見てもらいたいなあと思っていました。

その日も、にぎやかな中で秋田音頭を踊っていました。踊りも終盤という時、お座敷の中で大きな声がする方に目を向けたんです。自分では特に意識したつもりはありませんでしたが、踊り終わってからあるお客さんに呼ばれ「さっきの目はどうしたの」と注意を受けたんです。口調は穏やかでしたが、芸をお見せする姿勢ではなかったと気付かされました。いつでも真面目に取り組まねばならない。舞妓時代は、お客さんから教えを受けることも多かったです。

このお客さんは佐野薬局の佐野謙一郎さん（故人）で、ご自身も小唄を習うほど芸事に造詣が深い方でした。当時、芸をたしなむ旦那衆は結構いましたよ。お座敷で披露する方もいて、それに合わせて芸者が三味線を弾いたり、踊ったりするんです。大抵、姐さん方が対応するんだけど、私も自信がないのに小唄に合わせて踊りなさいと言われて焦ったことがありました。

佐野さん（左）の小唄に合わせて踊る（右）＝昭和34年

言い換えれば、お客さんの芸にも合わせられるのが一流の芸者なんですね。そのためには稽古だけじゃ足りなくて、お座敷も修業の場でした。

※4　昭和六（一九三一）年六月、秋田市で開かれた全国酒造業大会に合わせて作られた小唄。作詞は由利本荘市の文人・小島彼誰《かはたれ》、作曲は中山晋平、振り付けは花柳徳之輔。大会中、川反芸者が余興として披露した。

※5　秋田県内一円で唄い踊られる民謡。軽妙なお囃子に合わせて地口《じぐち》と呼ばれるこっけいな文句を連ねる。藩政時代に広まり、盆踊りや祭礼の際に演じられる。川反花柳界の代表的な演目で、現在の振り付けは大正時代に花柳徳之輔が手を加えたもの。

「出の着物」彩る正月

花柳界は季節感を大事にしますから、季節によって装いも変わります。お正月になると芸者は黒のお引きずり。これは「出の着物」とも言いました。戦前の川反では普段から着物の裾を引いていたようですが、私が花柳界に入った昭和三十年代にはもう正月だけの装いでしたね。歩く時は褄《つま》を左に寄せて取る。帯は柳といって端をたらんと垂らす結び方。華やかでしょ。

お正月の風物詩としては元日の年始回りがありました。賀詞交換会やごひいき先を回って新年のあいさつをするんです。最初に回るのが秋田商工会議所の賀詞交換会。これには川反の芸者全員が集まりました。舞妓になって初めての昭和三十四（一九五九）年は、現在のあきた芸術劇場・ミルハスの場所にあった県記念館（昭和三十五年解体）が会場。ルネサンス風の建物で、中のホールでは飲食ができたんですよ。そこで正月の踊りを見せた記憶があります。

その後は、それぞれのごひいき先へ。私は料亭「あきたくらぶ」専属の姐さんたちと一緒に回りました。知事公舎を皮切りに新聞社、銀行の支店に企業の支店長宅……。十カ所近くは回りましたかねえ。行く先々ではお年玉を頂きました。最後に佐野薬局に行くと、おでんとおすしを用意してくださってね。あいさつ回りではおせちばかりだったから、温かいおでんが身に染みました。

元日にお座敷をかけてくれるお客さんもいましたが、基本的に年末から一月三日までは料亭が休みなので、お座敷に出ることはないんです。だから年始回りで頂くお年玉が、花代に代わる収入だったの。家に着く頃には、片手でつかめな

出の着物姿で年始回り（左）
＝昭和 39 年 1 月 1 日

いほどのし袋を頂きました。それを置き屋の母に渡すと、中身を抜いた後、神棚に上げていました。

二日は姐さんたちとごひいき先である辻兵吉さんのお宅に招かれ踊り初め。四日からは新年会が始まる。一月は一年のうちで一番忙しかった気がします。

名付け親は小畑知事

昭和三十六（一九六一）年、舞妓になって三年が過ぎ、この頃の私は早く芸者になりたいと思うようになりました。舞妓って地毛で日本髪を結うので、普段から目立つんですよ。当時の川反の舞妓は二年半後か三年ぐらい後に芸者になっていたので、三十三年五月に舞妓になった私は、遅くとも三十六年の秋には芸者になるんだと思っていました。

三十六年の春だったかな。あるお座敷で小畑勇二郎知事（当時）にお会いした時も、つい「秋に芸者になるんです」と言ってしまったんです。そしたら知事は「あなたが芸者になったら川反に舞妓がいなくなる。十月に秋田国体があるからもう少し我慢してくれ」と言うんですね。返答に困っていると「若勇の名前を付けたのは俺だから、一回ぐらい頼みを聞いてくれ」と言うので驚きました。

私が舞妓になる時、置き屋の母に「若勇の勇の字は立派な方から頂いた」と聞いてましたが、誰かは教えてくれなかった。教えたら私がいい気になるんじゃないかと心配したんでしょうね。知事によると、母が私の名前で悩んでいると知って「俺の一字をやろう」と言ったんだそうです。名付け親を知って、母に「名前をくれた人に恥じないように」と言われた意味がようやく分かりました。

知事は舞妓が必要と言っていましたが、国体に合わせて芸者も増員されたんです。一般募集をかけたのね。秋田市以外から来た人もいました。新しい人たちが所属したのは新秋田検番といって、昭和二十八年に母たちがストライキを起こした後に料亭組合がつくった組織。国体の頃の川反には、古くからある秋田検番芸者と合わせて六十〜七十人ぐらいいたんじゃないかな。元々、花柳界にいた人の他に、唄も踊りも未経

名前をくれた小畑知事と（中央）＝昭和 50 年代

験というキャバレーのホステスさんもいました。「芸をやらなくてもいいから十人並の顔があればいい」と言われて集まったと聞きました。この時期は芸よりも数が優先されたんですね。

県外から来るお客さんに秋田のことを説明するため、芸者衆も協力を求められました。男鹿や干拓工事中の八郎潟に連れて行かれ、役所の人から説明を受けた記憶があります。立派な道路が造られていて、すごいもんだなあと思いました。

舞妓姿で飛行機搭乗

昭和三十六（一九六一）年の秋田国体の時は川反も忙しかったですねえ。県外から大勢のお客さんが来るので、お座敷は連日ありましたし、イベントに駆り出されることも多かった。国体に合わせて旧秋田空港が開港し、その式典にも川反の芸者や舞妓が呼ばれたんです。招待飛行といって、飛行機に乗せてもらいました。二〇分ぐらいでしたけど、上空から見た景色は今も覚えています。

国体の時に限らず、舞妓時代はほとんど毎日お座敷に出てました。休みは第一と第三の日曜日。専属だったあきたくらぶをはじめ、ほとんどの料亭が休業するからね。この日になると置き屋の母がお小遣いとして五〇〇円くれるの。それで秋田駅前にあった金座街に買い物に行ったり、有楽町（秋田市南通）の映画館に行ったり……。

でも休みの日に、営業している料亭のお座敷に呼ばれることはよくありましたね。映画館にいると、秋田検番から「お座敷がかかった」って電話がくるのよ。母は「休みだから行かなくていい」と言うんですが、私は断らなかった。普段行かない料亭に行くと新しいお客さんを開拓できますからね。

二十歳ぐらいの頃かな、休みの日に呼ばれた料亭のお座敷である男性に会ったんです。六つ上の会社員で、間もなく休みに会うようになりました。約束の日には、いつも行っている美容院に「検番や置き屋から電話がかかってきたら、髪を結った後に銭湯に行ったと言って」と頼み込んでね。そのわずかな時間に、二人で街中を歩いたり、金座街の喫茶店に

旧秋田空港の開港での招待飛行で（右）＝昭和36年

行ってコーヒーを飲んだりしてました。

「一緒になろうね」と言ってくれましたが、いずれ芸者になる自分が、会社員のその人と結婚できるとは思えなくてねえ。それにどうしても母に付き合っていることは言えなかった。本当につかの間でしたけど、私にとっては忘れられない青春時代の美しい思い出です。

川反芸者、有為転変

抜き打ちで芸を試す

秋田国体から一年後の昭和三十七(一九六二)年十月八日、二十歳で芸者になりました。京都では舞妓から芸者になることを「襟替え」と言いますが、川反などほかの花柳界では「一本になる」と言います。これは昔、線香一本が燃え尽きるまでの時間を単位にして芸者の花代を決めていたことに由来するそうです。

芸者になるための支度は置き屋「若柳」の母がしてくれました。川反では昔から旦那さん(スポンサー)じゃなくて、ほとんど置き屋でやっていたそうなんですよ。まずは「出の着物」、正月用の黒のお引きずりですね。それから出の着物に合わせる日本髪のかつら。黒の紋付きに、母が昔使っていたべっ甲のかんざしももらいました。そしてお座敷で使う三味線。芸者には欠かせないものでしたからね。

舞妓の時と同じく、芸者になる時もお披露目があります。舞妓の時は要領が悪くて満足にお座敷を回れなかったけど、この頃にはもうごひいきのお客さんがいましたから、

お披露目直後の記念写真＝昭和 37 年 10 月

一〇分しかお座敷に出られなくてもご祝儀として一時間分の花代をつけてくれました。

戦前の川反では舞妓から芸者になる時に試験があったと聞きました。置き屋の母さん（女主人）たちがずらっと並ぶ中で三味線を弾かされたとか。私の頃はそんな試験はなかったんですが、芸は厳しく見られるようになりましたね。

例えばお座敷で姐さんたちが抜き打ちを仕掛けてきたりするんです。地方《じかた》（長唄や三味線の演奏を担当する芸者）だった母は、お座敷が始まる直前、後輩に「きょうはあなたが弾きなさい」と言うこともありました。私も姐さんたちにいきなり都々逸《どどいつ》をやれと言われたことがあったなあ。稽古したことがなくても、お座敷で姐さんたちがやっているのを見ながら覚えるのが当たり前だったんです。その厳しさが川反の芸を支えてきたんでしょうね。

顔をそむけ鈴たたく

川反で思い出深いものの一つが竿燈《かんとう》まつり（※6）です。今は竿燈大通り（秋田市大町）が会場になっていますけど、私が若い頃は、旭川沿いの土手長町（同市中通）周辺でもやってたんですよ。川反から眺めると、川面に見物の舟が浮かんで、提灯《ちょうちん》の明かりがゆらゆら揺れて……。あれは本当に風情がありましたね。

竿燈は川反にとって稼ぎ時でもありました。県外の取引先やお客さんを招いたお座敷が多くてね。竿燈の演技は午後七時ぐらいから始まるので、大抵のお座敷は午後五時ぐらいから二時間以内に終了。竿燈が終わって午後九時ぐらいから始まるお座敷もありました。

昭和三十九（一九六四）年八月、竿燈後の遅いお座敷に出ている時でした。舞妓時代から親しくしている京都・祇園のおかみさんたちを招いたお座敷で、二次会に行こうと話をしている最中のこと。置き屋の母に廊下に呼ばれ、「あなたの父さんが死んだからすぐ帰りなさい」と言われました。「嫌だ」と即答したら、「あなたが行かないと私が恥をかく」と重ねて言われ、いやいや楢山の実家に行きました。

実父には嫌な記憶しかないんです。十歳の私を「芸者にしてくれ」と寺門の母に預けた人ですからね。舞妓になってからも私の稼ぎをよこせと母に言いに来たし、私も直接言われたことがある。かっとなって、「私の父は亡くなりました」と言ってやりました。それ以来、実父の顔を見たことはありません。

実家では家族が集まっていました。実母から、実父に末期の水を含ませるよう言われましたが、顔をそむけながら鈴《りん》をたたくのが精

舞妓時代から付き合いのある京都・祇園のおかみさん（中央）たちと竿燈まつりで（左端）＝昭和63年8月

いっぱいだった。実父は飲酒が原因で体を壊していたそうです。六十三歳でした。私の家の仏壇には今も実父の写真はないの。もうとっくに実父が死んだ年齢を超えたというのに、まだ許せない自分が情けないなあと思います。

※6　現在は八月三日〜六日の四日間、秋田市内で行われる月遅れの七夕行事。長い竹竿にたくさんの提灯を吊るした「竿燈」を、差し手と呼ばれる男たちが額や手のひらなどに乗せて操る。二百五十本以上の竿燈が夏の夜空に上がる光景は、「光の稲穂」と表現される。東北三大祭りの一つで、国の重要無形文化財にも指定されている。

置き屋の移転相次ぐ

秋田国体が行われた昭和三十六（一九六一）年、県記念館に代わって県民会館が完成しました。でもここは内部で飲食ができなかったので、秋田市山王にあった旧市立体育館に行くことが増えましたね。当時は大きな会合を開けるところは旧体育館ぐらいしかなかったんですよ。

当時は野っ原の中に旧体育館がぽつんとあるばかりでしたが、県庁が今の場所に移転（三四年）してきてから、どんどん新しい建物ができました。秋田放送のテレビ放送開始時（三五年）には、山王のスタジオに行って「酒の秋田」を踊った記憶があります。三九年には、県庁の向かいに秋田市役所ができました。

置き屋「若柳」が楢山に移転したのも三九年頃だったと思います。それまでは川反の中心部、大町五丁目にあったけど、貸家だったんですよ。それで母が新築したの。川反から少し離れたけど、内風呂と自分の部屋があるのがうれしかったですね。

明治十九（一八八六）年の俵屋火事の後に川反に集まってきた置き屋ですが、この少し前から南通や中通に移る所が多くなってね。置き屋があった場所には新しく飲食店ビルやバーができました。それでも料亭も検番もありましたから、花柳界らしい風情は十分ありましたよ。

この頃の若柳には、私以外に舞妓と芸者が一人ずついました。舞妓は若葉、芸者は若恵美。若葉の方は「あなたが面倒を見なさい」という母の意向で、私がお披露目の支度をしました。二人とも三十九年にデビューしたと思います。

楢山に移転から二年後の四十一年六月、私の年季が明けました。舞妓になってから九年。置き屋がこれまで私に費やした衣装代や稽古代を「返し終わった」ということです。でもすぐ自分で稼げる「自前」には

芸者時代＝昭和39年、あきたくらぶ

なれず、一定期間「お礼奉公」をするのが決まり。私の場合は半年で、この年の十二月には自前となるはずでした。

お礼奉公直後に引退

お礼奉公期間が終わる直前の昭和四十一（一九六六）年十月、ごひいき先が主催する大きな会合が秋田市で開かれました。お座敷が連日開かれ、その延長で男鹿で行われる関連行事にも来てほしいと頼まれたんです。他の芸者と合わせて三人で行きましたが、午前中だけだったので花代は頂かなかったんですね。でもそれがルール違反だと姐さんたちに問題視されたんです。

結局、秋田検番の臨時総会を開く騒ぎになってしまった。当時の組合長はうちの置き屋の母だったのよ。「母の顔に泥を塗ってしまっては辞めるしかない」。一本気な性格だったもんだから、そう思い込んでしまったのね。お礼奉公が終わったら芸者を辞めようと腹をくくりました。

表の理由は「栃木県にいる兄の紹介で結婚するから」としました。最後の仕事は、十一月に京都で開かれた国際青年会議所の京都会議。この時の日本青年会議所（日本JC）

の会頭は辻兵吉さんでした。秋田ＪＣにはお世話になっていましたからね。海外からのお客さんが集まる会議を盛り上げるため、川反から後輩の舞妓と芸者三人を連れて行きました。

芸者を辞めたのは十一月三十日。ごひいき先には、「一身上の都合により引退させていただきます」とはがきを送り、引き出物を持ってあいさつ回りをしました。兄のいる栃木に向かったのはこの数日後。秋田駅には、川反の姐さんたちが大勢見送りに来てくれましたけど、母は姿を見せませんでした。「結婚するから辞める」と言った時の母の顔は忘れられない。とても寂しそうにして「そうか」って。それを思い出して、列車の中では涙が止まりませんでした。

小唄の温習会で踊る（左）＝昭和40年、あきたくらぶ

栃木では温泉旅館で仲居の仕事に就きました。翌年、そこで知り合った男性と結婚。とてもいい人でしたけど、向こうの家族とは折り合いが悪くてね。わずか一年で離婚となりました。

行くなと止めた実母

離婚した昭和四十三（一九六八）年、秋田市に戻ってしばらく芸者をしていましたが、翌年秋に東京に行くことにしました。知り合いの方の援助もあって、離れて暮らしていた弟と妹と都内で同居を始めたんです。

私が十歳で川反の芸者の元に連れて行かれた頃は二人ともまだ小さくて、一緒に暮らすのはこれがほとんど初めてだった。仕事に行く二人のために弁当を作ったり、家の中を整えたり。穏やかな日々でしたね。

東京で暮らして数カ月後の四十四年八月、長年ぜんそくを患っていた実母が亡くなったという知らせが来ました。五十五歳でした。実父の時とは違って、すぐ秋田市楢山の実家に駆け付けたんです。実父は嫌いだったけど、体が弱くて不器用だった実母のことはずっとかわいそうだと思っていたから。

実母にはずっと聞きたいことがありました。父に川反に連れて行かれるのをなぜ止めなかったのかって。それを聞けたのは、この五年前の実父の通夜の席。実母は「行くなって言ったけど、止められなかった」と言いました。

実家を出されて川反に移ってからも、入退院を繰り返していた実母と顔を合わせることはほとんどなかった。でも舞妓の時、実母を川反で見たと言う人がいたんですよ。あれは私の身を案じて様子を見に来てくれたんじゃないかと思うのね。

実母が亡くなってしばらくして、親戚の紹介で渋谷のクラブで働き始めました。それから赤坂に移ったんですけど、そこで川反でごひいきになっていた人と再会して、秋田に帰って来いと言われたんです。いろいろ考えましたが、

勤め先の社員旅行で（中央）＝昭和46年、静岡県熱海市

帰ることにしました。弟はそのまま東京にいて、妹は秋田市の親戚の元に行くことになりました。

秋田に戻ってきたのは四十七年二月。楢山のアパートを借りて初めての一人暮らしです。テレビをつけると、浅間山荘事件の中継を延々とやっていました。

余興の出番遠ざかる

昭和四十七（一九七二）年二月、三年半ぶりに秋田市に戻り、置き屋「若柳」で芸者の仕事を再開しました。でも辞める前とまるきり同じというわけにはいかなかったよね。戻った当初は、お座敷の余興などでの出番がほとんどありませんでした。

余興というのは特別にご披露する舞台のことで、花代とは別に余興費が支払われます。大きな会場で開かれるお座敷や会合、結婚式などで披露することが多かった。私が現役の頃は、「段もの」といって「連獅子」や「子宝三番叟《さんばそう》」など長い曲を見せることもあったし、小唄や民謡など何曲か組み合わせた「吹き寄せ」を披露することもありました。

こういう大きい舞台に出られるのは芸に優れた姐さんたちで、若いうちはほとんど出る幕はありません。私が初めて余興に出たのは四十三年ごろだったかな。ある結婚式で「鶴亀」を披露する際、急きょ太鼓の代役をやれと言われたんです。主役は立方《たちかた》（踊り手）の姐さんたちだけど、太鼓は三味線や踊りの入り方にも関わるから責任重大。終わっ

先輩芸者（右）と踊る＝昭和48年、あきたくらぶ

た瞬間に体がぐなぐなとなって、その場に崩れ落ちてしまった。

それから少しずつ余興に出させてもらっていたんです。若柳の母・若吉は地方《じかた》（演奏者）の名妓《めいぎ》で知られていたから、その信用もあったのね。でも東京から久しぶりに川反に戻ると、後輩の芸者が余興に出るようになっていました。母には「あなたが辞めた後、私は後輩たちを一生懸命育ててきた。戻って来たからすぐ舞台に上げるわけにはいかない」と言われました。

再会を喜んでくれた人もいたけど、意地悪を言う人もいた。「たんすの引き出し」って呼ばれたこともあったなあ。川反から出たり入ったりしてたでしょ。でも自分でまいた種は自分で刈り取らなきゃいけない。私にできることは言い訳せず、芸に精進することだけでした。

大先輩の2人と共演

川反で長く余興の主役を担っていたのは、寿美子姐さんと市子姐さん（いずれも故人）です。二人とも花柳流の名取で、市子姐さんは美人コンテストで東北一位になった有名人だし、寿美子姐さんは師匠から代稽古を任せられていた踊りの名手。二人に代わって別の姐さんたちが余興に登場すると、怒りだすお客さんもいたほどだった。

私が芸者に復帰した昭和四十年代後半から五十年代にかけては、まだ余興も盛んでした。特にいくつか曲を組み合わせた「吹き寄せ」は、新年会などで毎年頼むごひいき先もあったね。この吹き寄せを作っていたのが、地方を担当していた母・若吉と寿美子姐さん。構成や踊り手を決めていたのは寿美子姐さんで、これに抜てきされるのが川反の芸者にとって一つのステータスだったのよ。

芸者を辞めたりして批判を受けた私だけど、寿美子姐さんは吹き寄せの目立つパートを踊らせてくれるなど引き立ててくれました。もう後がないと踊りは一生懸命やってま

寿美子姉さん（中央）と市子姉さん（右）と「鶴亀」を踊る＝昭和57年

したが、それを見ていてくれたんだと思います。「あなたは私の後継者だ」と言ってくれました。

私が三十代になる頃、戦前から活躍していた姐さんたちが徐々に引退して若手が表に出る機会が増えてきました。だけど半端な芸ではとても姐さんたちの代わりには立てない。寿美子姐さんの勧めもあって、東京の花柳寿美之輔師匠の元へ一年間通うことにしました。「花柳寿《す》美《み》和《わ》加《か》」という名前を頂いたのは昭和五十六（一九八二）年のことです。名取になった川反の芸者は戦後五人目でした。

名取になったのを記念して、花柳師匠が、寿美子姐さんと市子姐さんと私の三人で踊る「鶴亀」を振り付けてくれました。この大先輩二人と一緒に踊るなんて恐れ多くてね。二人はどう思っているんだろうと、それぱかり気にしてました。

三味線で泣かす名妓

昭和五十六（一九八二）年四月、花柳流の名を頂いたことを披露する「名披露免《なびろめ》」を秋田市で開きました。置き屋「若柳」の母・若吉は前年に足を骨折してつえをつきながら会場に来ましたが、私が踊る時には舞台に上がって三味線を弾いてくれました。

若柳若吉が引退したのは、この年の十二月です。大正十一（一九二二）年に舞妓として出てから約六十年、七十一歳になっていました。川反を代表する名妓でしたから、引退を惜しむ人が多くてね。小畑勇二郎元知事ら、そうそうたるメンバーが発起人になって慰労会も開かれました。

地方だった母は、三味線、鼓、長唄とさまざまな芸に秀でてました。特に三味線では右に出る人はいなかったですよ。何がすごいかというと、最初の音だけで曲の雰囲気をつくり出せるんです。例えば悲しい恋を唄《うた》った「秋田岡本新内」（※7）。チーン、リーン……と、若吉が三味線を弾くと本当に泣いているように聞こえる。それに合わせて姐さんたちが悲しげに唄い、舞う。曲の世界がお座敷の中に広がります。若吉の出す音があんまり素晴らしいもんだから、姐さんたちは「若吉さんの手はどうなっているんだ」って不思議がっていました。

「川反の芸者は芸で生きる」というのが母の口癖でしたね。若い頃は、真冬に障子を開け放って寒稽古をしたそうです。そんな時代を生きてきたせいか、自分にも厳しかったし、後輩の芸にも厳しかった。十歳の頃から育てられた私は身をもって分かる。苦手な三味線に限らず、芸やお座敷での姿勢などいつも怒られてましたねえ。

だけど私が名取になった時、ある姐さんが母に「よかったですね」と声を掛けたら、こう言ってくれたんです。「この子は天才でも上手でもない。ここま

若吉（左）の三味線で踊った名披露免＝昭和56年

で来たのは努力があったからだ」。母の最大限の褒め言葉だと思いました。

※7　「岡本新内」とは秋田県内の仙北《せんぼく》、平鹿《ひらか》、雄勝《おがち》、由利《ゆり》などの地域に伝承された唄と踊り。江戸時代後期の安政年間に、今宿《いましゅく》（横手市雄物川町）に移り住んでいた旅役者の市川団之丞によって広められたとされる。お座敷唄として粋人に愛され、横手や土崎（秋田市）などの花柳界で盛んに演じられた。地域によってそれぞれ特色があり、川反では「秋田岡本新内」が伝承されている。

芸事に人脈、社交術も

川反の花柳界にいた頃は、それこそ数え切れないほどお座敷に出ました。有名な方にお会いする機会も多かったですよ。スポーツ選手に歌舞伎役者、俳優。皇室の方もいらっしゃいました。どんな方とも会話できるよう常にいろんなことにアンテナを張って、勉強していましたね。新聞もお客さんの動静を知るために必ず読んでいました。

高松宮殿下がいらっしゃった時は、恐れ多くも「私、殿下と写真を撮りたい」とお願いしたんです。そうしたら「私が撮りましょう」と当時、秋田県知事だった佐々木喜久治さんとのツーショットを撮っていただきました。その写真は今でも大切に取っております。

日本プロレスの力道山選手がプロレスラーを引き連れてお座敷に来た時は、みんな体が大きくてびっくりしました。外国人のレスラーがグローブみたいな手を私の膝に置いた時は、さすがにおっかなかったね。

巨人軍の長嶋茂雄選手、藤田元司選手、難波昭二郎選手も、勧業銀行の一日支店長をやった後、あきたくらぶに来られました。二次会でキャバレーに行った時、野球ファンのお客さんに囲まれそうになったから、私がボディーガードみたいに立ちふさがってね。今思えば、若いから怖いものなしでしたね。

キャバレーにはお客さんとよく行きました。ホステスの指名は芸者がするんです。ホステスさんも芸者には気を使ってよく届け物をしてくれました。

ある時、キャバレーでショーをやっていたフランク永井さんが「誰か僕とデュエットしませんか」と客席に呼びかけたんです。お客

高松宮殿下に撮っていただいた特別な一枚＝昭和50年代

さんが「若勇、お前行け」とけしかけるので、ステージに上がって一緒に歌いましたよ。終わってから、フランクさんに「お姐さん、長唄調ですね」と言われました。

二次会はお客さんとタクシーに乗って土崎まで行くこともありました。今はありませんが池鯉亭、大内といった料亭です。当時は土崎にも芸者さんがいて、親しくさせてもらっていました。

良い芸者というのは芸に優れているだけじゃなくて、社交術や人脈も持っているものなんです。とりわけ接待は芸者の本領を発揮できる場だったと思います。宴を張る側にも頼りにされてましてね。置き屋の母・若吉は、古くからのごひいき先から「うちの後継者に座敷での接待の仕方などよろしく指導してくれ」と頼まれたこともあったそうです。

もてなしの場でもあるお座敷には、礼節に反しないためのマナーやしきたりがありました。姐さんたちの話だと、戦前は職場から真っすぐお座敷に行くのは無粋とされていて、いったん家に帰って着物を改めていたそうです。まあこれは極端な例かもしれませんけど、かつては服装につけ、振る舞いにつけ、お座敷という場をわきまえた上で来ていたものです。

　だけど昭和五十年代ぐらいからは、お座敷でハラハラする場面が増えましたねえ。ある宴会では芸者衆の踊りが始まった途端、主賓側が床の間の前から出て来て招待者側にお酌を始めたんです。あまりにも不作法だったので、お座敷が終わった後に主賓の一人をたしなめたんですよ。そしたら「芸には興味ないから」と言われてしまった。

　だけどマナー違反を見つけると注意を促すようにしていました。そうしないとよその花柳界に遊びに行ったときにお客さんが恥をかくでしょ。それに川反の評判にも関わります。花柳界の決まり事を守ることも、芸者としての大事な仕事でした。

男と女の話

全国の花街は三業地といって、料亭などの料理屋、芸者を抱える置き屋、そして客が席料を払って芸者を呼ぶ待合の三業種がある場所が多いです。しかし、川反は料亭と置き屋だけの二業地でした。客と芸者に逢瀬の場を提供する待合が無いので、川反芸者は昔から色ではなく芸を売るんだと母から教えられました。それが川反花柳界の誇りですね。

でも、重要なパトロンである旦那さんに好きだと言われたら、断るのは大変です。先輩からは、「嫌だったけど天井の木目を見ながら堪えたよ」という話を聞いたこともありました。

大きな料亭での宴会は人目に付くので、客と芸者が親密になる機会はほとんどないのですが、店によっては奥に小さな座敷があったり、裏階段があったりするところもありました。そんな店を「下宿屋」と言っていましたね。二次会で「下宿屋に行くか」と言えば、「こじんまりと飲もう」というアピールです。そこは男と女の世界ですからね。

お客さんと一緒に旅行することもよくありました。最初は舞妓になった頃。地元の名士のお客さん二人と、芸者の先輩たちと一緒に山形県の温泉旅館に行きました。夜はみんなで雑魚寝です。いたずらされることもないので、「男の人はそんなもんだ」と思いました。

それからだいぶ経ってから別のお客さんに誘われて東京に行ったことがありました。デパートで色々と買ってもらった後、ホテルに着いたら同じ部屋にベッドが一つでね。何されるかおっ

芸者になって間もない昭和38年頃

かなくて、逃げたんですよ。それ以来、甘い誘いがあると、断る癖がつきました。私は変に潔癖症なんだよね。いやな人に触られたりすると蕁麻疹がでる。先輩から、「目をつむればすぐ終わるから」とアドバイスされたこともあったけど無理。もっと色気があれば、今頃お金持ちになっていたかな。

お座敷離れ止まらず

昭和四十七（一九七二）年に川反に戻ってからは、自前の芸者として仕事をしていました。稼ぎを置き屋に渡していた「抱え」の頃とは違って、お座敷に出れば出るほど身入りが増えるわけですが、残念ながらもうそんな時代じゃなかった。お座敷自体が年々減っていたんです。

「お座敷離れ」を感じるようになったのは五十年代に入ってからだね。舞妓時代は、朝昼晩と一日三回出ることもあったけど、午前中のお座敷はほぼなくなりました。夜のお座敷はありましたけど、時間が短くなってね。以前は三時間ぐらいが普通でしたけど、この頃は二時間半とか二時間になったんですよ。

二次会や三次会も減りましたね。一次会のお座敷が終われば、別の料亭やクラブに場所を移してまた宴会をしていたんです。そこでも花代がつきましたが、そんな機会もなくなってねえ。午後九時以降は仕事がないということも珍しくなくなりました。

お座敷離れの原因はいろいろあると思いますけど、やっぱりお客さんの選択肢が増えたことが大きいでしょうねえ。川反では三十年代に初めてキャバレーができ、その後もバーやクラブ、カラオケが登場。ホテルなど料亭以外でも宴会をするのが当たり前になってしまったことも影響したと思います。コンパニオンも増え、料亭にも彼女たちが呼ばれるようになりました。

芸者時代＝昭和５８年、あきたくらぶ

　芸者の主な収入はお座敷の花代ですから、このままだとやっていけないというのが芸者たちの気持ちでしたね。でも打開策は見つからなくて、不安定な立場が解消されることはなかった。新しい人が入ることもなく、川反芸者の数は減っていきました。

芸者をしながら自分のお店を出せないかと考えるようになったのは、五十九年のことです。先行きは厳しくなる一方だったけど、川反が好きでしたからね。ここで生きていく道を探していました。

お棺にすがって号泣

昭和五十九(一九八四)年三月、秋田市大町の飲食店ビルに「クラブ若勇」をオープンしました。お座敷離れで芸者としての出番も減ってしまい、二次会や三次会で来てくれる店をつくろうと思ったのね。芸者をしながら経営するのは川反や他県でも前例はあったので、この時はあまり不安はありませんでした。

開店して最初に顔を見せたの

川反で店を経営していた頃＝昭和62年

は置き屋の母・若吉と先輩芸者の一丸《かずまる》姐さん。母は足を悪くして三年前に芸者を引退していましたが、「最初の客は女性がいいんだよ」と松葉づえをつきながら来てくれました。店の経営と芸者の仕事とで忙しくなりましたが、一人暮らしをしている母の様子はしばしば見に行きました。そしたらある時「食欲がない」と言うのね。嫌な予感がして病院に連れて行ったら、膵臓《すいぞう》がんで余命二カ月と診断されたんです。六月のことでした。すぐに入院したけど、だんだん痩せていってしまってね。七月二十二日に亡くなりました。

火葬の時はお棺にすがって泣いてしまった。実母が亡くなった時もあれほど泣かなかったのにねえ。十歳の時に母に引き取られなかったら今の私はないと改めて思ったら、もう涙が止まらなくて。芸者・若吉は肉親以上に私の親でした。

この三年後の六十二年、私も芸者を引退しました。お座敷離れに歯止めがかからない上、芸者も減り、余興を見せる機会もなくなった。時代のせいか、母が現役だった頃のように厳しく芸を指導するという雰囲気も希薄になってしまいました。もう自分のいる場所じゃないなあって思ったんですよ。

店の経営に専心するようになったのもつかの間、思わぬ病に倒れてしまいました。六十三年のことです。がんと言われ、胃と脾臓《ひぞう》と胆のうを摘出。大変な手術で、三カ月も入院しました。以前から胃の痛みはあったけど、ストレスのせいだと思ってた。慣れない店の経営が自分の体よりも気に掛かっていたんです。

秋田岡本新内を継承

昭和六十二（一九八七）年に芸者を引退後、地唄舞《じうたまい》（江戸中期から後期にかけて主に上方で盛んになった座敷舞）を習うため、日本舞踊家の二代目藤蔭季代恵先生に弟子入りしました。いろいろな舞を教えていただきましたが、「川反芸者だったあなたに踊ってもらいたい」と言われたのが「秋田岡本新内」です。

岡本新内は横手で生まれたお座敷舞踊。川反ではお客さんから要望があると、横手から初代家元の岡本一寸平《ちょっぺい》さんに来てもらっていましたが、昭和三十年代に料亭「あきたくらぶ」の社長が初代藤蔭季代恵先生に依頼し、地唄舞で振り付けしてもらったんです。川反で作られたので秋田岡本新内といいますが、難しい舞で川反では人気芸者の市子姐さんだけが踊っていました。

二代目の藤蔭先生が私を選んだのは、置き屋の母・若吉と長い付き合いがあったからだと思います。平成二（一九九〇）年以降、秋田岡本新内の継承者として、藤蔭流の温習会やイベントなどで踊るようになりました。

川反で覚えた踊りの中で、秋田岡本新内は私の代名詞といっていいぐらい特別なものです。でもこれを含めて踊りを封印していた時代がありました。平成十年、川反に出した店の経営に失敗した後のことです。出店後間もなくがんになり、人に貸したり、再開したりしたんですが、そのたびにかなりお金がかかったの。資金繰りに行き詰まり、法的に処理してもらいました。迷惑を掛けてしまった人には本当に申し訳なくて……。もう人前で踊れないと思ったんです。

「秋田岡本新内」の衣装で記念撮影＝平成2年

閉店後は秋田市内の緑ヶ丘病院に就職。介護補助をしながら、患者さんに「秋田音頭」

や「酒の秋田」を教えていました。しばらく表舞台からは遠ざかっていましたが、平成十七年に「秋田市の文化を育てる市民の会」から「けやき賞」を贈るという連絡が来たんです。私が秋田岡本新内の継承者であるというのが受賞理由。踊り続けなさい、と背中を押された思いでした。

花柳界復活への想い

伝えたい「酒の秋田」

平成二十五（二〇一三）年十一月、秋田市大町の料亭「濱乃家」の竹島知憲社長から連絡がありました。「舞妓を育成する仕事をしたいという女性がいるから、川反のことをいろいろ教えてくれないか」と。そして紹介されたのが、「あきた舞妓」の生みの親の水野千夏さんでした。

平成に入っても川反花柳界の縮小は止まらず、あきたくらぶなど多くの料亭がなくなり、芸者の姿も消えていきました。花柳界の復活は厳しいとは思いましたが、やるなら芸をする舞妓を育ててほしかった。水野さんも同意見だというので、「酒の秋田」を教えました。

「酒の秋田」は他の踊りに比べると難しくないということもあるんですが、私自身どうしても残したいと思っていたんですよ。歌詞は秋田らしさが満載だし、曲調は華やか。川反では「秋田音頭」とともに必ずお座敷で披露していましたし、昭和五十年代には竿燈まつりの前座としても踊られました。

この二年後の平成二十七年八月、湯沢市で「秋田湯沢湯乃華芸妓」が誕生したという新聞記事を見た時も「酒の秋田」を踊ってもらいたいと思い、代表の阿部一人さんに連絡を取りました。そしたら「酒の秋田」以外にも川反で受け継がれた芸を教えてほしいと言われて、湯沢に稽古に出向くようになったんです。自分の芸が必要とされると知ってうれしかったですねえ。

芸者をやっていた頃、舞妓を育てるのが夢だったんですよ。花柳界を離れてからは病気したり、仕事で失敗したりとつらいことが多かったけど、水野さんや阿部さんのおかげで芸を若い世代につなぐという夢を再び見るようになりました。

湯乃華芸妓に川反の踊りを指導する（中央）＝平成28年3月

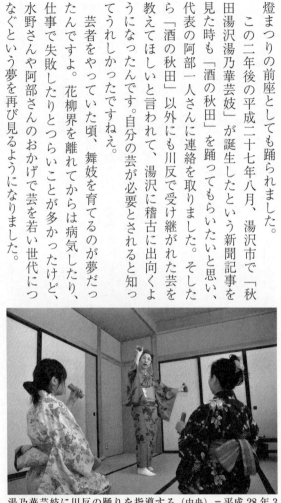

芸と共に川反を託す

平成三十（二〇一八）年から、あきた舞妓さんに川反で受け継がれてきた芸を教えています。まずは「秋田音頭」と「酒の秋田」。「秋田音頭」は大正十三（一九二四）年、東京で川反芸者が披露したことで全国的に知られ、「酒の秋田」と共に川反には欠かせない芸です。それから季節の踊り。これは短い端唄や小唄だけど、月ごとに数曲あるから覚えるのが多いのよ。だけどたとえお客さまが毎日お座敷に来ても、そのたびに違う踊りを見せるのが本当のおもてなし。そんな川反芸者の気骨も伝えたいと思いました。

同年、「秋田川反芸妓連を応援する会」が発足しました。芸妓連は川反で活動する芸者たちの組織で、昔でいうなら「検番」ですね。私は川反の伝統を伝えてほしいということで声を掛けてもらいました。ありがたくお受けして、「若柳若勇」の名前も復活させました。

忘れられつつあった秋田の花柳界も「秋田湯沢湯乃華芸妓」やあきた舞妓のおかげで、

その雰囲気に触れる機会が増えました。おかげさまで、私も若勇として時々お座敷が掛かるようになったんですよ。また芸者になるなんて、数年前までは想像もできなかったですねえ。人生は本当に分からない。

平成三十一（二〇一九）年の一月七日には、芸妓連で年始回りをしました。正月ということで、川反の伝統にのっとってみんなで稲穂の飾りを挿してね。私も「出の着物」こそ着ませんでしたけど、正月らしく日本髪のかつらをかぶりました。芸者をやめて以来ですから、約三十年ぶりですかねえ。

年始回りに行く前、皆さんに少額ですけどお年玉を差し上げました。私が現役の頃は、置き屋の母・若吉がのし袋に入れたお年玉を年始回りの前にく

あきた舞妓に「梅は咲いたか」を教える（左端）＝平成31年、あきた文化産業施設「松下」

れたんです。懐に入れておくと、それに気付いたお客さんもお年玉を渡してくれる。「見せ金」っぽいですけど、川反花柳界のお正月の風習として若い人たちにも知ってほしかったんです。

母は生前、「畳があるうちは芸者はなくならない」と言っていました。畳というのは「和の文化」のことだと思います。二度目の東京オリンピックが開催され、訪日外国人客が増えたりしたせいか、「和の文化」への関心が随分高まってきました。ここまで来たからには花柳界復活の確かな手応えをつかみたい。それが私の最後の願いです。

秋田美人と川反芸者

小松和彦

花街・川反の誕生

昭和十二（一九三七）年に刊行された『文化の秋田』（野川賢祐、秋田振興協会）にはこのような記述がある。

「花柳界といっても現在は秋田市には三段の別がある。すなわち代表秋田美人を擁するカワバタ（川反）とアレ専門の常盤町、その又ダークサイドたる米町とがある訳だが、しかしこの場合、秋田市の花柳界と呼びかつ通称されているところは、カワバタのことである」

当時、秋田市に三つあった「紅灯の町」の中で、川反は常盤町（遊廓）や米町（私娼街）とは完全に区別された、秋田美人＝川反芸者が主役の格調ある花街であった。

川反に花街ができたきっかけは、明治十九（一八八六）年、秋田の市街地の半分近くを焼いたという「俵屋火事」である。それまで下米町（現在の秋田市大町二丁目）にあった遊廓が焼失し、妓楼が町はずれの常盤町（南鉄砲町、現在の秋田市旭北栄町）へ移転した。それとは別に料理屋と芸者置き屋だけが集まった二業地が秋田市中心部を流れる旭川沿いにできた。これが川反の始まりである。

当初は常盤町が下米町から続く花柳界の中心であり、川反は芸者四名ほどの小規模な花街だったという。しかし明治の終わりには、立場は逆転。川反は名実ともに秋田県を代表する花柳界となった。それには、いくつかの大きな要因がある。

大正十一年六月二十六日の秋田魁新報の連載記事『川端日記』には置き屋「吉田屋」の女将・梅子のこんな回想がある。

「私どもの舞妓時代は十四、五人も居りましたでせうが、あまり若い二十代の芸者は客席に出ることは少なうございましたが、ちょうど軍隊の兵営が出来てから若い芸者が多く出るようになり、今日にいたっております」

兵営とは明治三十一年、仙台から現在の秋田市中通地区に移駐した歩兵第十七連隊のことを指す。当時、軍隊が都市に与える経済効果は莫大であった。この駐屯以降、秋田市では約十年の間に鉄道、上水道、電気などの都市機能が一気に整備される。かつての城下町から近代都市へと変貌する中、川反は本格的な紅灯の町となっていく。

川反は官庁や兵営が置かれたかつての内町と、商業施設が立ち並ぶ外町の両方に挟まれ、まさに政治と経済の中心に位置していた。最も賑やかだった大正時代には政財界の大物たちが足繁く通い、夜の政治の舞台と化した。料亭や置き屋が当時の二大政党であった政友会、憲政会によって色分けされ、県議会が始まると議員たちは料亭に寝泊りし、芸者が送り迎えしたという。

一方、常盤町の遊廓は「当市の遊廓が下米町にありし頃は相応の繁昌なりしも、明治十九年の大火災後僻在せる鉄砲町に移されし以来、常盤町の美名を附しさいさきを祝いしも、その繁栄は大方川反の芸者町に奪われ（中略）寂たる有様を呈し自然に絶滅たる有様」（明治三十三〈一九〇〇〉年九月二十三日、秋田魁新報）であった。

秋田美人は花柳界から

秋田県出身の女性に対して、今でも広く使われている「秋田美人」とは本来、川反芸者を形容する言葉であった。大正から昭和初期にかけて「秋田美人絵葉書」が数多く発行され、プロマイドとしても人気があった。モデルとなったのはすべて川反芸者。秋田美人とは川反芸者のこと、という共通認識があったことが分かる。現在のご当地アイドルのような存在であった。

明治三十九（一九〇六）年の『秋田県案内』（安藤和風、木村主一郎、彩雲堂）によると、当時の川反芸者は舞妓とあわせて八十余名。「芸妓は当市出生も多しといえども、名古屋、東京、酒田、能代地方より出稼ぎ、または移住せしものあり」とある。この頃の川反芸者はまだ秋田県出身者ばかりではなかった。

しかし、それから九年後の『秋田興業銘鑑』（小貫修一郎編、大橋常助、大正四〈一九一五〉年）には「芸妓屋二十余戸、百十余人」であるとし、「以前は東京、名古屋、酒田、津軽等の出身多かりしも今はいわゆる純粋の秋田っ奴大部分を占める」とある。明治の終わり頃から大正初期の間に「川反芸者は秋田っ子に限る」という不文律ができたようだ。

その背景には川反に秋田を代表する美人を集めることによって、多くの人を呼び込もうという地元経済界の意図があったと思われる。戦略は功を奏し、名高き秋田美人を一目見ようと全国から遊客が訪れた。県内外から人が集まる大会があると、川反芸者の選抜組が余興で『秋田音頭』を披露する。こうしたプロモーションは「秋田美人」が全国に知られる大きなきっかけになった。

明治四十二（一九〇九）年には秋田県の美人コンテストとしては嚆矢《こうし》となる「銘酒と美人」が秋田市の新聞社・東北公論の主催で行われた。当時のミスコンには一般の女性がエントリーすることは少なく、芸者や酌婦などいわゆる玄人の女性を対象にしたものが多かった。

ここで一位となったのは川反「柳家」の吉代である。明治二十七（一八九四）年生まれの吉代は若勇さんの育ての親である若吉さんのお姉さんで、十代前半から川反花柳界の将来を担う才女として期待されていた。

このコンテストは新聞社が販路拡大のために企画したもので、吉代の父親はその会社の関係者でもあった。地方新聞が美人を利用して売上を伸ばし、美人は新聞に出ることにより名を高める。メディアと花柳界、両者の思惑が一致し「秋田美人」の名は広く世に喧伝されたのである。

ストライキと教育普及活動

川反の全盛期は大正の中頃。「軒に芸者の名前を書いた軒灯が並び、三味線の音がゆるやかに流れてくる中を日本髪に和服姿のあでやかな芸者たちが行きかった」時代である。第一次世界大戦による好景気で物価が高騰し、大きな利益を得た富裕層や地主たちが川反で日夜宴を開き、川反芸者が花を添えた。一方、農村部では多くの農民が生活に困窮し、「口減らし」のために売られた娘たちが、年季奉公で花柳界に入るケースが多かった。

大正八（一九一九）年八月四日、川反芸者の組合組織である「秋田市芸妓組合」は料理屋の組織である「秋田市料理業組合」に対し、いわゆる「花代」である宴会座敷代金の値上げを求めてストライキを敢行。「百三十余人の大小芸妓全部が市の組合料理屋の招きには断然応じない」という日が九日間続いた後、芸者はそれまでの一円二五銭から二円、舞妓は七五銭から一円二〇銭に値上げすることで解決した。

大正十三（一九二四）年、和崎ハルが中心となって芸者のための教育事業「のぞみの会」が設立された。美容師の和崎は芸者と接する機会が多く、幼いころから花柳界で働き、学校に通えなかった彼女たちに教育支援が必要であると考えていた。そこで毎週日曜日に一般教養や手芸などを教える芸者学校を開校。生徒は六十名に及んだ。若勇さんの母、若吉さんもこの学校に通い、優等生として知られていたという。後に和崎は昭和二十一（一九四六）年の衆議院議員選挙において当選。秋田県で初の女性代議士となった。

大正時代の川反で巻き起こったストライキや教育普及活動は、秋田美人が男性に支配される立場から自らの意志で行動する女性へと転換していく契機になったといえよう。

秋田美人の慰問

昭和になると川反にも新しい形態の酒場・カフェーが次々と現れる。女給と呼ばれる女性たちによって接客されるカフェーでの遊興は、料亭で芸者を呼んで遊ぶよりは敷居が低く、かつ安く済むとあり、庶民層の男性たちに支持された。

一方、大衆文化としての川反花柳界は昭和六（一九三一）年頃を境にメインストリームから離れていく。昭和十二（一九三七）年には芸者が六十七名に舞妓が十九名の総勢八十六名（『文化の秋田』）。大正時代の最盛期に比べると半数以下にまで減少した。

軍国主義の風潮が強まる中で、川反花柳界にとってまさに秋田美人の面目躍如となる事業があった。昭和十四（一九三九）年、秋田県の要請を受けて川反芸者八名が約一か月にわたり、日中戦争に従軍している郷土部隊の慰問のため中国を訪れ、各地で演芸を披露したのである。若吉さんもこの慰問団のメンバーだった。彼女たちは前線にまでおもむき、傷ついた兵士たちを見舞うなどして、大いに感謝された。

この慰問に参加した芸者の一人、「若竹」の露香による道中日記が翌十五年に『北支の旅』（竜星閣）として出版される。昭和十六（一九四一）年三月にはこの本を原作とした舞台劇が水谷八重子の主演によって東京有楽座で演じられた。

露香に『北支の旅』を書くことをアドバイスしたのは当時、秋田魁新報の整理部長だった武塙祐吉（三山）。有楽座での舞台は脚本を金子洋文、舞台装飾を福田豊四郎という秋田県出身の作家と画家が担当。危険を顧みずに地元の兵隊を勇気づけるため戦地に赴いた秋田美人たちの業績をオール秋田で顕彰したのである。

芸者からおばこへ

戦後、川反花柳界は復興したが、かつての勢いは取り戻せなかった。

「戦争が終わってようやくうまい酒が飲めるようになったが、戦前の三十五軒の芸者屋が十二、三軒に減っていた。百六十余名の芸者が八分の一の二十名足らずとなった。応急策として県内各地からの既製品や役所の女事務員を化粧させて、ようやく二十名ばかり駆り集め、戦前の生き残りと合わせて四十名ほど取り揃えたのだ」（『市長八歳記』、武塙三山、昭和三十五そんな中でミスコン「麗人東北」が開催された。これは昭和二十五（一九五〇）年の十二月から翌二十六年三月にかけて秋田魁新報と専売公社仙台地方局、東北たばこ販売連合会が共同で開催した美人投票で、選考対象は芸者や料理店、カフェー、キャバレー等の接客婦といった玄人の女性。たばこを一箱買うごとに投票券を一枚入手できるというシステムであった。いわば新聞とたばこの販促を目的とした企画である。

このミスコンで四十一万票を獲得し、見事「麗人東北」に輝いたのは、川反芸者・「若竹」の市子。当時、若竹の女将は『北支の旅』の著者の露香で、戦後は川反のリーダー的存在であった。昭和三（一九二八）年生まれの市子は若くして花柳流の名取となり「唄ってよし、踊ってよし、弾いてよし」の芸達者であった。

市子の四十一万票という票数は当時の秋田市民の人口十三万人の三倍超。このコンテストに秋田美人の看板を背負って臨んだ花柳界の執念をうかがうことができる。しかし、このミスコンが秋田美人の名を川反芸者が独占する時代の最後を飾ることになった。

昭和二十四（一九四九）年、「秋田県復興宝くじ」の関連企画として行われた「ミス秋田」以降、一般の女性を対象としたミスコンが県内各地で開催されるようになった。そして昭和三十三（一九六〇）年）

（一九五八）年から始まった「全県おばこコンクール」は伝統的な野良着姿の女性たちが美を競う催しで、秋田を代表するミスコンとなった。後にその名称は「秋田観光レディー」と変わり、現在も毎年開催されている。

武塙祐吉は「ミス秋田」や「おばこコンクール」の登場によって、秋田美人と呼ばれる女性の対象が「芸者から一般家庭の娘に移り、再転して純な田舎娘になった」という。そうして今、秋田美人という言葉が秋田県生まれの一般女性を指す、汎用性の高い用語として使われるようになったのである。

エピローグ　令和の秋田美人

平成二十六（二〇一四）年、川反文化の継承と「会える秋田美人」を目指し、水野千夏さんによって株式会社「せん」が誕生。「あきた舞妓」という名称で秋田の花柳界を通じて秋田美人の産業化に取り組み始めた。令和五（二〇二三）年七月現在、芸者二名、舞妓三名が在籍している。

平成二十八（二〇一六）年、水野さんは秋田市中心部の千秋公園にある旧割烹料亭・松下を「あきた文化産業施設松下」としてリニューアルし、あきた舞妓の活動拠点として活用することになったが、体調不良のため仕事から退いてしまう。彼女の想いの灯を消したくないと、現在奮闘している一人が、「せん」の企画、広報を担当している飯牟禮《いいむれ》（旧姓・松岡）叡美《さとみ》さんだ。

飯牟禮さんは北秋田市阿仁生まれ。国際教養大学（秋田市）在学中に一年間、あきた舞妓の見習いに入った。

「地元で輝いている水野社長の姿に憧れて会いに行きました。この事業を通して素敵な人にたくさん出会うことができました。せんの仲間たち、花柳界の先輩たち、お師匠さん方、応援してくださる温かいお客様、地域の皆様…。人に恵まれたと感じています」

飯牟禮さんは舞妓たちが頑張っている姿をそばで見ていて、いつしか自分も唄や三味線を担当する「地方《じかた》」になりたいと思うようになった。そして、長唄と茶道の稽古を受けさせてもらうことに。いつか地方と運営の二刀流になることが目標だ。

「せん」の中で現在一番お姉さん的な存在である紫乃《しの》さんは横手市大森町生まれ。地元秋田でやりがいのある仕事をしたいと思っていた時、あきた舞妓の稽古を見学して一目惚れ。平成二十八（二〇一六）年に舞妓になった。

「踊りの心得が全く無かった上に不器用なので覚えるのに苦労しました。時間をかけて覚えた分、最初のころに覚えた踊りや着付けのコツなどは絶対に忘れません」

平成三十（二〇一八）年、地元経済人らによって「秋田川反芸妓を応援する会」が発足した。あきた舞妓は往年の川反芸者である若勇さんの指導を受けるようになり、川反花柳界復活の気運は益々高まった。

そして令和元（二〇一九）年十月、紫乃さんはあきた舞妓から初めて芸者として一本立ちする。秋田市の花柳界で芸者が一本立ちしたのは、約四十年ぶりのことだった。

お披露目の席で紫乃さんは、

「川反の歴史に恥じぬよう、がんばりたいです」

と口上を述べた。

最も力を入れているのは三味線と唄。日々、長唄の稽古に励んでおり、お座敷遊びの伴奏やテレビ番組のテーマ曲を弾いたりするのもお手の物だ。

そんな紫乃さんが十八番にしたいのが、若勇さんが継承している「秋田岡本新内」だ。これは元々、彼女の故郷の横手市西部が発祥とされる芸能である。

「一筋縄ではいかないからこそ時間をかけて、往年のお姐さんたちの思いを継ぎたい」

と紫乃さん。先輩の若勇さんも、

「ぜひ研鑽を積んで欲しい」

とエールを送る。

平成二十九（二〇一七）年、秋田市ではあきた舞妓とコラボしたレジ袋削減のポスターや幟を制作。この時にモデルとして起用されたのはおとはさんだ。

おとはさんは秋田市生まれ。新日本舞踊の師範であるお祖母さんの影響で、四歳の頃から踊りを習い始める。当時から白塗りして踊ることが好きだったという
十八歳の時から学業と並行して「せん」の見習いに入り、舞妓になったのは、モデル起用の同年だった。

「京都に行きたいという思いもありましたが、人柄や町の雰囲気など、やっぱり秋田の方が好きです」

とおとはさんは言う。

令和二（二〇二〇）年、新型コロナウィルスの感染拡大により宴会やイベントは激減。あきた舞妓の活躍の場は大きく失われた。

「コロナ禍で今まで通りにお仕事ができなくなった時期が一番辛かった」

とおとはさんは言う。

「せん」では新事業としてオンラインお座敷や、秋田県内の修学旅行生向けの公演を開始した。修学旅行生は多い時で1日に二百人以上「松下」へ来ることもあった。見学者からは「和の文化を学ぶことができて楽しかった」といった感想が数多く寄せられている。

令和四（二〇二二）年三月、おとはさんは紫乃さんに続いて舞妓から芸者になった。介護施設での慰問公演で入居者が泣きながら喜んでくれた時、おとはさんは「この仕事をやっていて良かった」と思ったという。

「お客様のご希望する曲を即興でお三味線で弾けるようになりたい。その場の雰囲気を盛り上げられるような芸者になりたいです」

そしてこの秋、舞妓の佳乃藤《かのふじ》さんが令和に入ってから三人目の芸者として一本立ちする予定だ。

佳乃藤さんはにかほ市金浦《このうら》生まれ。小学生の頃から踊りを習い始め、高校では民謡部に所属。芸事を生かした仕事がしたいという思いから、「せん」の門を叩いた。

「その頃は花柳界という言葉すら知りませんでしたが、自分のやりたいことはコレだ！と思いました」

平成二十九（二〇一七）年十月に舞妓デビュー。最初の頃は、民謡で培った踊りや唄の癖が抜けずに苦労したという。さらに若勇さんのお稽古が始まってからは覚えなければいけないことが一気に増えた。

「私は覚えるのは得意な方ですが、忘れないようにするのが大変。新しい曲をどんどん教わるので、時間を見つけてはお稽古しています」

お座敷では踊りを出すことが多い。ある時、お客さんから「若勇姐さんの手つきに似ている」という言葉をもらった時は嬉しかったという。

「基礎をしっかり体に染み込ませた上で、粋に踊れるようになりたい。できなくて悔しい思いをすることもありますが、それを乗り越える過程を楽しんでいます」

佳乃藤さんは故郷の由利地域に伝わる民謡「本荘追分」を勉強し直しながら、時々お座敷で唄っている。かつては花柳界でも唄われていたこの曲は、佳乃藤さんにとって子供の頃から耳馴染んできた大切な十八番だ。

「ご要望があれば知っている民謡を唄わせていただくこともあります。日々の努力を怠らず研鑽を積んで、自信を持って川反芸者を名乗れるようになりたいです」

「松下」では毎週土曜日のお昼と午後の二回、秋田川反芸妓連が日々鍛錬した踊りや唄を披露する「あきた舞妓劇場」を開催している。来場者の約七割は女性。気軽に楽しめるとあって常連さんも多い。最近では海外からのお客さんも頻繁に訪れるようになった。

かつては旦那衆といわれた男性たちの娯楽であった花柳界は、老若男女に親しまれる存在になった。秋田で舞妓になりたいと希望する若い女性も増えつつある。

令和五（二〇二三）年五月、「せん」から新たに二人の舞妓がデビューした。まめ佳さんといろ羽さん。共に秋田市出身で、まめ佳さんは民謡を、いろ羽さんは日本舞踊を子供の頃から学んできた。秋田で活躍している先輩たちの姿を見て、地元を盛り上げたいという思いで花柳界に入った。

あきた舞妓の皆さんは「秋田美人」とはどうあるべきかを探求しながら日々精進している。彼女たちが追い求める理想像は外見の美しさだけではなく、愛嬌、品格、思いやり、知性、好奇心など、内面の美しさを重視している。令和の秋田美人は男性だけでなく女性も憧れる人。川反花柳界は真の意味で地域に根ざした伝統文化になろうとしている。

【著者略歴】

浅利京子（若勇）

1942年、秋田市生まれ。
1952年、川反の置屋に入る。
1958年、舞妓になる。
1962年、芸者になる。
1981年、花柳流の名取免許習得（花柳寿美和加）。
2005年、秋田岡本新内の伝承、普及により「けやき賞」を受賞。

【解説者略歴】

小松和彦

1976年、秋田市生まれ。青山学院大学文学部史学科考古学専攻卒。工芸ギャラリー・小松クラフトスペース店主。花柳界や民間信仰を中心に秋田県の郷土史を研究している。著書に『秋田県の遊廓跡を歩く』（渡辺豪との共著、カストリ出版）、『村を守る不思議な神様・永久保存版』（宮原葉月との共著、KADOKAWA）などがある。秋田魁新報電子版で『新あきたよもやま』連載中。

川反芸者《かわばたげいしゃ》・若勇《わかゆう》　半生《はんせい》を語《かた》る

著　　者　浅利《あさり》 京子《きょうこ》
発 行 日　2023年9月30日

発 行 人　佐川 博之
発 行 所　株式会社秋田魁新報社
〒010-8601 秋田市山王臨海町1-1
Tel.018(888)1859
Fax.018(863)5353

定　　価　本体909円＋税

印刷・製本　秋田活版印刷株式会社

乱丁、落丁はお取り替えします。
ISBN 978-4-87020-434-8　C0223　¥909E